I LOVE TO KEEP MY ROOM CLEAN

J'AIME GARDER MA CHAMBRE PROPRE

Shelley Admont
Illustrated by Sonal Goyal and Sumit Sakhuja

www.kidkiddos.com
Copyright©2014 by S.A.Publishing ©2017 by KidKiddos Books Ltd.
support@kidkiddos.com

All rights reserved. No part of this book may be reproduced in any form or by any electronic or mechanical means, including information storage and retrieval systems, without written permission from the publisher or author, except in the case of a reviewer, who may quote brief passages embodied in critical articles or in a review.
Tous droits réservés. Aucune reproduction de cet ouvrage, même partielle, quelque soit le procédé, impression, photocopie, microfilm ou autre, n'est autorisée sans la permission écrite de l'éditeur.
Second edition, 2019

Translated from English by A.S.Belyaev
Traduit de l'Anglais par A.S.Belyaev

Library and Archives Canada Cataloguing in Publication
I Love to Keep My Room Clean (French Bilingual Edition)/ Shelley Admont
ISBN:978-1-52591-610-6 paperback
ISBN:978-1-77268-460-5 hardcover
ISBN: 978-1-77268-040-9 eBook

Please note that the French and English versions of the story have been written to be as close as possible. However, in some cases they differ in order to accommodate nuances and fluidity of each language.

For those I love the most-S.A.
À ceux que j'aime le plus-S.A.

It was a sunny Saturday morning in a faraway forest. Three bunny brothers had just woken up when their Mom entered the room.

C'était un samedi matin ensoleillé dans une lointaine forêt. Trois frères lapins venaient de se réveiller quand leur maman entra dans la chambre.

"Good morning, boys," Mom said. "I heard you moving around in here."

- Bonjour, les garçons, dit Maman. Je vous ai entendu bouger.

"Today is Saturday, we can sleep as late as we want," said the middle brother with a smile.

- Aujourd'hui, c'est samedi, nous pouvons dormir aussi longtemps que nous voulons, dit le frère cadet avec un sourire.

"You can stay in your beds for a while," Mom said, "but I'll have to leave. I need to visit your Granny today. You'll stay with Daddy until I come back."

- D'accord, dit Maman quand ils furent tous calmés, vous pouvez rester au lit encore un peu. Mais Il faut que j'aille voir votre mamie aujourd'hui et vous devez rester avec Papa jusqu'à ce que je revienne.

"When you get out of your beds and brush your teeth, you'll have your breakfast," Mom explained.

- Quand vous serez levés et que vous aurez brossé vos dents, vous prendrez votre petit-déjeuner, expliqua Maman.

"After that, you can read books or play with your toys," Mom continued. "Or, you can go outside and ride your bicycles."

- Ensuite, vous pourrez lire des livres ou jouer avec vos jouets, continua Maman. Ou, vous pourrez sortir et faire du vélo.

"Hooray!" The bunny brothers started to jump on their beds happily.

- Hourrah ! Les frères lapins commencèrent à sauter de joie sur leur lit.

"But…" said Mom, "you are responsible for cleaning your room."

- Mais…, ajouta Maman, vous êtes responsables du rangement de votre chambre.

"When I come back, I want to see this house clean and organized, exactly as it is now. Can you do this?"

- Quand je reviens, je veux trouver cette maison propre et rangée, exactement comme elle est maintenant. Vous pouvez le faire?

"Sure, Mom," answered the oldest brother proudly. "We are big enough and we can be responsible."

- *Bien sûr, Maman, répondit fièrement l'aîné. Nous sommes assez grands et nous pouvons être responsables.*

After they brushed their teeth, Dad served a delicious breakfast and an even more delicious dessert. Then the fun began!

Après s'être brossé les dents, Papa leur servit un délicieux petit-déjeuner et un dessert encore plus délicieux. Puis les jeux commencèrent !

The bunnies started by putting together their puzzle. Then they continued with their wooden building blocks. Next they played together with the rail trail before turning on the train.

Les lapins commencèrent par assembler leur puzzle. Puis, ils continuèrent avec leurs blocs de construction en bois. Enfin ils jouèrent ensemble avec les rails avant de mettre le train en marche.

"This railway train is my favorite," said Jimmy as he flipped the on switch. "This is the best present I've got on my last birthday."

- Ce train est mon préféré, dit Jimmy tandis qu'il appuyait sur le bouton. C'est le plus beau cadeau que j'ai reçu lors de mon dernier anniversaire.

After playing inside for hours, the bunnies grew bored.

Après avoir joué à l'intérieur pendant des heures, les lapins commencèrent à s'ennuyer.

"Let's go play outside!" said the middle brother, looking out the window.

- Allons jouer dehors ! dit le frère cadet, en regardant par la fenêtre.

"Yeah! But we need to clean up here first," said the oldest brother.

- Youpi ! Mais nous devons d'abord ranger notre chambre, dit l'aîné.

"Oh, we have enough time before Mom comes back," answered Jimmy, "we can clean up later." The older brothers agreed and they all went out.

- Oh, nous avons le temps jusqu'au retour de maman, répondit Jimmy, nous pouvons ranger plus tard. Les deux grands frères approuvèrent et ils sortirent.

Outside, the three bunny brothers enjoyed the sunny weather. They rode their bicycles and played hide and seek and Simon Says. Finally, they decided to play basketball.

Dehors, les trois profitèrent du soleil. Ils firent du vélo, jouèrent à cache-cache et à Jacques-a- dit. Finalement, ils décidèrent de jouer au basketball.

"We'll need our basketball," said the oldest brother. "But I don't remember where we put it."

- Nous aurons besoin du ballon de basket, dit l'aîné. Mais je ne me souviens plus où nous l'avons mis.

"I think it's under my bed," added Jimmy. "I'll go check." With that, he ran inside the house, hoping to find the ball.

- Je crois qu'il est sous mon lit, ajouta Jimmy. Je vais regarder. Et il courut dans la maison, espérant y trouver le ballon.

When he opened the door to their room, he was very surprised. The floor was covered with puzzle pieces, building blocks, cars, tracks, and other toys.

Quand il ouvrit la porte de la chambre, il fut très surpris. Le plancher était couvert de pièces de puzzle, de blocs à construire, de voitures, de rails et d'autres jouets.

There are too many things thrown on the floor, thought Jimmy, making his way toward his bed.

Il y a beaucoup trop d'objets jetés sur le sol, pensa Jimmy, en se dirigeant vers son lit.

Eventually, he stumbled and lost his balance. He was trying to stay upright, but instead fell directly on his favorite train.

Tout à coup, il trébucha et perdit l'équilibre. Il essaya de rester debout mais tomba, justement, sur son train préféré.

"Ouch!" he screamed, watching the train's wheels flying in different directions. "Noooo, my favorite train!" Jimmy burst into tears.

- Ouille ! hurla-t-il, regardant les roues du train voler dans toutes les directions. Noooon, mon train ! Jimmy fondit en larmes.

"Are you alright, honey?" Dad appeared at the door. He couldn't fit inside the room due to all the mess.

- Tout va bien, chéri ? Papa apparut sur le seuil. Mais il ne put pas entrer dans la chambre à cause du désordre.

"I'm OK. But my train..." cried Jimmy, pointing to the train's broken wheels.

- Je vais bien. Mais mon train... cria Jimmy, montrant les roues cassées.

"I can't even see the train," said Dad. "And what exactly happened in this room?"

- Je ne peux même pas voir le train, dit Papa. Et que s'est-il passé exactement dans cette chambre ?

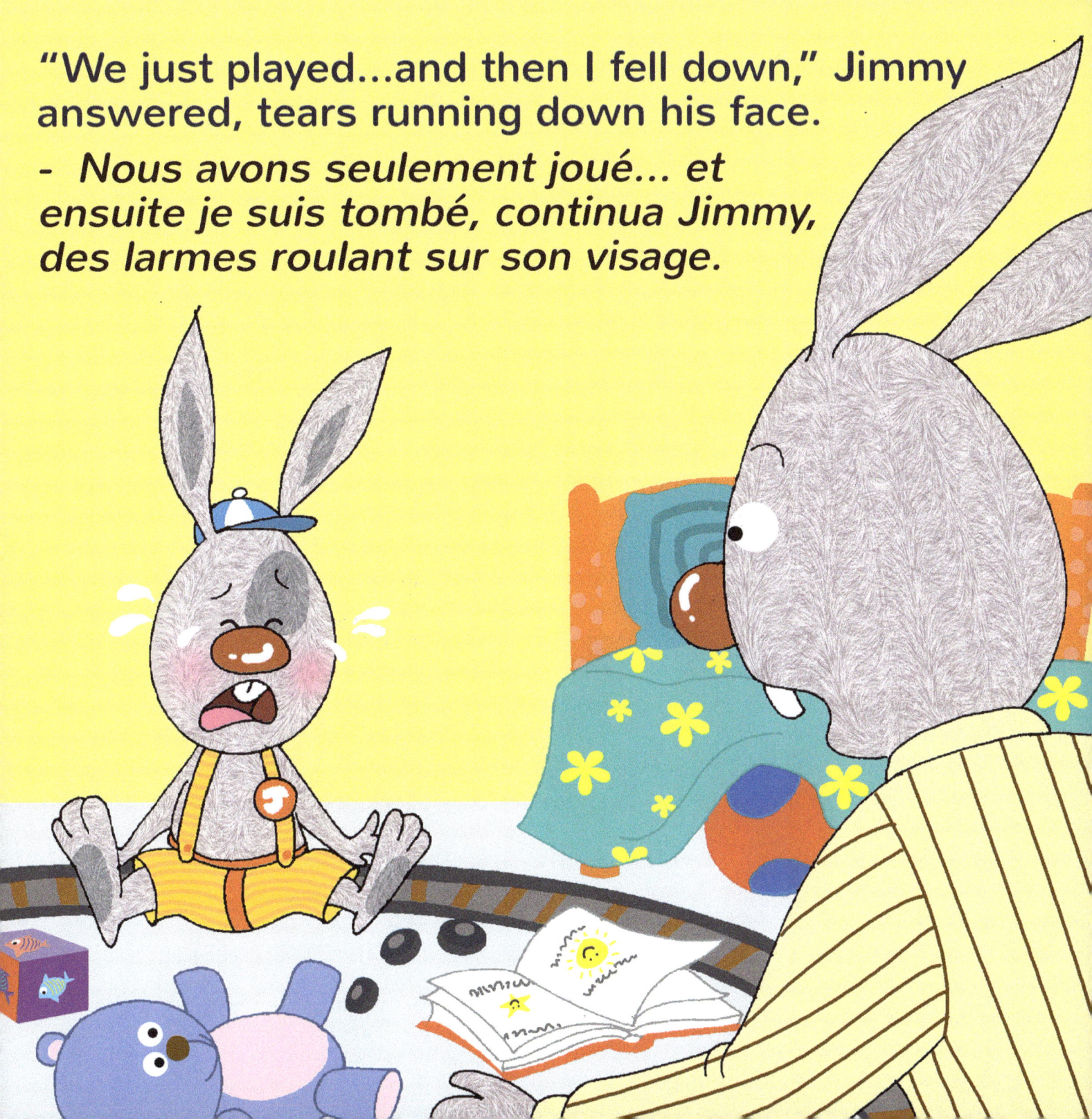

"We just played...and then I fell down," Jimmy answered, tears running down his face.

- *Nous avons seulement joué... et ensuite je suis tombé, continua Jimmy, des larmes roulant sur son visage.*

"Jimmy, why's it taking you so long?" The other brothers' brothers shouted as they ran into the house.

- Jimmy, qu'est ce qui te prend si longtemps ? C'étaient les voix de ses deux frères qui entraient en courant dans la maison.

"My train broke!" Jimmy couldn't stop crying.

- Mon train est cassé ! Jimmy n'arrêtait pas de pleurer.

"Don't cry, Jimmy," said the oldest brother. "We'll think of something. Dad?"

- Ne pleure pas, Jimmy, dit l'aîné. Nous allons réfléchir. Papa ?

"I'll check if I can fix it," answered Dad. "But you need to clean up in here. Bring me the train and the wheels after you find them." With that, Dad went out of the room.

- Je vais regarder. Peut-être que je pourrais le recoller, dit Papa. Mais vous devez tout ranger ici. Apportez-moi le train et les roues quand vous les aurez trouvés. Puis, Papa sortit de la chambre.

"We need to hurry, before Mom comes back," said the oldest brother.
- *Nous devons faire vite, avant que Maman arrive dit l'aîné.*

"Oh, cleaning up is boring," said Jimmy sighing.
- *Mais ranger c'est ennuyeux, dit Jimmy en soupirant.*

"Let's play a cleaning-up game then," exclaimed his older brother.
- *Jouons à un jeu de rangement, s'exclama son frère aîné.*

Jimmy became excited. "The storm is coming soon!" he shouted. "We need to help all the toys get back to their houses."
Jimmy devint tout excité.
- *Une tempête approche ! cria-t-il. Nous devons aider tous les jouets à rentrer chez eux.*

"We're superheroes," yelled the middle brother. He picked up toys from the floor and put each one in its proper place.

- *Nous sommes des super-héros, hurla le cadet. Il ramassait les jouets qui étaient par terre et les remettait chacun à sa place.*

Playing and enjoying themselves, the brothers organized and cleaned everything.

Tout en jouant, les frères rangèrent et nettoyèrent tout ce qui trainait.

"All wheels are here," exclaimed Jimmy, running to his father with the broken train in his hands.

- J'ai toutes les roues, s'exclama Jimmy, en courant vers son père, le train cassé et les roues dans les mains.

"Here, I found the basketball!" screamed the middle brother with excitement.

- Voilà, j'ai trouvé le ballon de basket ! hurla le frère cadet tout excité.

"Put it in its box and…we are finished," said the oldest brother happily.

- Mets-le dans sa boîte et… nous avons fini, dit l'aîné joyeusement.

"It was really fun," said the middle brother, sitting down on his bed.

- C'était vraiment amusant, dit le frère cadet, en s'asseyant sur son lit.

"No!" yelled Jimmy as he entered the room. "Don't sit there!"
"What? Why?!" asked the middle brother, jumping off the bed.
- Non ! hurla Jimmy alors qu'il entrait dans la chambre. Ne t'assois pas là !
- Quoi ? Pourquoi ?! Demanda le frère cadet en descendant du lit.

"You just made your bed. If you sit on it now, you'd have to make it again," explained Jimmy.
- Tu viens de faire ton lit. Si tu t'assois dessus maintenant, tu devras le refaire, expliqua Jimmy.

"Maybe we could read a book now," suggested the oldest brother, approaching the bookshelf.
- Peut-être que nous pourrions lire un livre, maintenant, suggéra l'aîné en s'approchant de l'étagère.

"Don't touch those books," shouted Jimmy. "I organized them all by color!"
- Ne touche pas ces livres, cria Jimmy. Je les ai tous organisés par couleurs !

"Sorry," said the oldest brother. "But what will we do? We can't play with anything."

- Pardon, dit le frère aîné. Mais qu'est-ce qu'on va faire ? On ne peut jouer avec rien.

They thought for a while and then the oldest brother shouted: "I have an idea!"
Ils réfléchirent un moment puis le frère aîné s'écria.
- J'ai une idée !

"What if we clean up after each game?" he suggested. "Then it won't take so much time to put toys away."
- Et si on rangeait après chaque jeu ? proposa-t-il. Comme ça, ranger nos jouets ne nous prendrait plus autant de temps.

"Let's try," said Jimmy happily.
- Essayons, dit joyeusement Jimmy.

First, the oldest brother read a beautiful book with pop-up pictures to his younger brothers. When they finished reading, he put it back on the shelf.
D'abord, l'aîné lut à ses jeunes frères un merveilleux livre avec des images en relief. La lecture terminée, il rangea le livre sur l'étagère.

Next, they built a large tower out of their colorful blocks. When they were done, they put the blocks back into the box — and the room stayed clean!
Puis ils construisirent une grande tour avec leurs blocs de couleur. Quand ils eurent fini, ils remirent les blocs dans leur boîte – et la chambre resta bien rangée.

At that moment, Mom and Dad knocked on the door.
A ce moment-là, Maman et Papa frappèrent à la porte.

"I missed you so much," said Mom, "but I see you managed to keep your room clean. I'm so proud of you."
- Vous m'avez tellement manqué, dit Maman, mais je vois que vous vous êtes débrouillés pour garder votre chambre rangée. Je suis très fière de vous.

"And here's your train, Jimmy," said Dad, handing him the toy. The wheels were fixed and Jimmy smiled widely.
- Et voici ton train, Jimmy, dit Papa, en lui tendant le jouet. Les roues avaient été collées et Jimmy fit un grand sourire.

"Who wants to try cookies that Granny made for you?" asked Mom.
- Qui veut goûter les biscuits que mamie a fait pour vous ? demanda Maman.

"Me!" shouted the bunny brothers and their Dad.
- Moi ! s'écrièrent les frères lapins et leur papa en même temps.

"But we'll eat them in the kitchen, not in this clean room," said Jimmy very seriously. "Right, Mom?"
- Mais nous les mangerons dans la cuisine, pas dans notre chambre toute propre, dit Jimmy très sérieusement. Pas vrai, Maman ?

The whole family started laughing loudly and went to the kitchen to eat cookies.

Toute la famille éclata de rire. Ils allèrent à la cuisine pour manger des biscuits.

Since that day, the brothers loved to keep their room clean and organized. They played with all their toys, but when they finished, they put everything back in its place.

Depuis ce jour, les frères aimaient beaucoup garder leur chambre propre et rangée. Ils jouent avec tous leurs jouets mais, une fois qu'ils ont fini, ils remettent chaque chose à sa place. Ils n'y passèrent plus jamais trop de temps.

It never took them long to clean up their room again.

Ils n'y passèrent plus jamais trop de temps.

www.ingramcontent.com/pod-product-compliance
Lightning Source LLC
Chambersburg PA
CBHW061136070526
44584CB00033B/4338